大家小小书
篆刻 程方平

中国历史小丛书

主　　编	吴　晗			
编　　委	丁名楠	尹　达	白寿彝	巩绍英
	刘桂五	任继愈	关　锋	吴廷璆
	吴晓铃	余冠英	何兹全	何家槐
	何干之	汪　篯	周一良	邱汉生
	金灿然	邵循正	季镇淮	陈乐素
	陈哲文	张恒寿	侯仁之	郑天挺
	胡朝芝	姚家积	马少波	翁独健
	柴德赓	梁以俅	傅乐焕	滕净东
	潘絜兹	戴　逸		

新编历史小丛书

主　　编	戴　逸			
副 主 编	张传玺	唐晓峰	黄爱平	
总 策 划	韩　凯	张　森	李翠玲	
执行策划	安　东	吕克农		
编　　委	王　玮	王铁英	孔　莉	孙　健
	刘亦文	李海荣	沈秋农	高立志
统　　筹	高立志			

新编历史小丛书

汉高祖 汉武帝

张传玺 著

北京出版集团
北京人民出版社

目　　录

汉高祖刘邦……………………… 001
汉武帝刘彻……………………… 043

汉高祖刘邦

刘邦在我国几乎是家喻户晓的古代帝王,他在中国历史上确有不可磨灭的功绩;可是从古至今,人们对他的评价并不很高。莫说不如秦皇、汉武、唐宗、宋祖,就是名气再小一些的帝王,刘邦也难与之相比。当然这是不公平的。所以造成这样的历史错觉,有两个重要原因:一、对刘邦的历史功绩缺乏应有的认识,尤其是缺乏从历史唯物主义、社会发展史的高度认识;二、受传统保守观点的影响,尤其是受为儒者所不齿的所谓"无赖""好酒及色""溲溺"儒冠等记载的影响,总认为他行为不端。其实,刘邦是我国封建时代的一位伟大的政治家,是一位功业卓著的封建帝王。他出身农民,以农民起义军统帅身份入关灭秦,这已是很了不起的了。继之他又以新兴地主阶级的政治代表,经过四年有余的苦战,全部剪除了以项羽为首领的旧贵族复辟势力,再次统一中国。此后,他的新建王朝"汉承秦制",为以后两千多年的封建政治、经济制度及其发展奠定了基础。这样宏伟的历史功业在中国封建社会史上很少有人能与之相比。

下面简要谈一下我对这一问题的

粗浅意见。

一　农民家庭出身

在中国古代史上出身于农民家庭的著名封建皇帝只有二人，就是汉高祖刘邦和明太祖朱元璋，他们都是以农民起义领袖而夺得皇位的，所建王朝又都是历史上的主要朝代，所谓汉、唐、明、清，他们占了两个。农民起义领袖当上了封建皇帝，过去学术界对此事持批判态度。言辞激烈者，指此事为对农民阶级的"背叛"，或扣以"叛徒"的帽子。这太偏激了。农民大起义在推翻了旧王朝之后，标志着当时的主要社会矛盾已经解决，改朝换代是历史的必然,也是历史的进步。农民起义军领袖当上皇帝,是一件好事,至少不能说是坏事。他们所采取的某些有益于社会、历史的政策、措施,与他们出身来自农民有直接关系。刘邦在初即皇位后所下的史称为"高帝五年诏",详细阐述了他的"休养生息"政策,我认为这样一些政策、措施与他的出身和经历是有直接关系的。

对刘邦的家庭出身,学术界的说法不一。如老一辈史学家梁园东先生说:刘邦是"豪族地主阶级"[①]出身。周谷城先生说刘邦家"只能算是一优越之自耕农"[②],即"富裕中农"。范文澜先生说刘邦家"是个中农"[③]。今天学术界的分歧大致类似。我同意周先生的说法。今略证如下。

关于刘邦家属于农民的记述。如《史记·高祖本纪》曰：刘邦年轻时，"不事家人生产作业"。《汉书·高帝纪》曰：其父批评他"亡赖"，"不能治产业，不如仲（二哥刘喜）力"。《史记·高祖本纪》曰："高祖任亭长时，常告归之田，吕后与两子居田中耨。"同书《齐悼惠王世家》曰：西汉初年，吕后在宫中摆宴。刘邦之孙刘章对吕后曰："请为太后言耕田歌。"吕后笑曰："顾而父知田耳。若生而为王子，安知田乎？"

再看刘邦属于"富裕中农"的记述。如从秦朝选拔地方小吏制度上看：秦的地方小吏不由中央或上级官府委派，而是选拔本地有一定资产的人充当。如《史记·淮阴侯列传》曰：韩信"始为布衣时，贫，无行，不得推择为吏"。而同书《高祖本纪》则曰：刘邦"及壮，试为吏，为泗水亭长"。再从刘邦在社会交往中的地位来看，如《萧相国世家》曰："高祖为布衣时，（沛县主吏掾萧）何数以吏事护高祖。"《任敖列传》曰："任敖者，故沛狱吏。高祖尝辟吏，吏系吕后，遇之不谨，任敖素善高祖，怒击伤主吕后吏。"从这些记载看，刘邦家比一般中农略高，应是"富裕中农"。

再看刘邦是否属于"豪族地主"，我看他是不够格的。且看他在社交中的地位的另一些记载，如《张耳陈余列传》曰："高祖为布衣时，尝数从张耳游。"张耳是战国末年魏国信陵君毋忌之客，曾任外黄（今河南商丘境内）令。《陈丞相世家》曰："王陵者，故沛人，始为县豪。高祖微时，兄事陵。"《高祖功臣侯者年表》曰："雍齿故沛豪，有力。"《留侯世家》曰：刘邦为布衣时，雍齿多次"窘辱"他。

如上所述，刘邦家确是属于"优越之自耕农"，亦即"富裕中农"。他得推择为泗水亭长，是与他家的社会地位相应的。刘邦任亭长时，曾为秦官府押送刑徒到骊山修皇帝陵。可是后来在再次押送刑徒时，却在途中随刑徒一起逃跑了。他后来起义的基本队伍就是一帮刑徒。西汉前期政论家晁错曰："秦始乱之时,吏之所侵者,贫人贱民也;至其中节所侵者,富人吏家也;及其末涂所侵者,宗室大臣也。是故亲疏皆危,外内咸怨,离散逋逃,人有走心。"④ 晁错简要说明了秦朝末年政治分化的大致情况。刘邦所属阶层大约在秦朝初建之时,比"贫人贱民"的境况要好一些。可是不需"至其中节",其境况即与"贫人贱民"相同了。所以说,刘邦所属的阶层同样是农民起义的基本群众,刘邦的个人才能与他的经历等帮助了他成为一支农民起义军的领导者。

二 "入关灭秦",功业巨大

关于农民起义军推翻秦王朝统治

这段历史，一般的评论方法，都是"花开两朵，各表一支"。先说项羽所进行的"巨鹿之战"，再说刘邦所领导的"入关灭秦"。对项羽、刘邦两人的军功的评价，都认为项羽之功远远超过刘邦。如说：巨鹿之战是秦末农民大起义中规模最大、战斗最激烈、最具有决定意义的一场大战。在这场大战中，基本上消灭了秦王朝赖以生存的军队，扭转了整个战局，为最后推翻秦王朝的反动统治创造了极有利的条件。我认为这作为对巨鹿之战意义的一般评述是可以的。但如要对秦末农民起义军最后推翻秦王朝这段历史进行全面评述，这一观点还需提高，即对巨鹿之战及此后组成的以项羽为首的军事集团应有二重性的观点，对刘邦入关灭秦的评价应更高一些。

在秦末农民大起义期间起兵反秦的军事集团很多，性质也很复杂。总的来说，有三种势力：一、以陈胜、吴广、刘邦、项羽为代表的农民起义军。二、以田儋、魏咎、张耳、陈余为代表的旧贵族复辟势力。三、以无诸、摇等为代表的越人反秦势力。秦朝末年，社会的主要矛盾是以广大农民为主体的各阶级、阶层与秦统治集团的矛盾。即如当时的说士蒯通所说："天下初作难也，俊雄豪杰建号壹乎（呼），天下之士云合雾集，鱼鳞杂袭，飘至风起，当此之时，忧在亡秦而已。"[⑤]尽管是这样，我们在分析当时的各反秦势力时，在把握主要矛盾和次要矛盾的同时，还应加强阶级分析。如田儋起兵时，"召豪吏子弟曰：'诸侯皆反秦自立。齐，古之建国。儋，田氏，当王。'遂自立为齐王。发兵以击周市"⑥。周市是陈胜的将军，正在率兵击秦军。后周市背叛陈胜立魏公子咎为魏王时说："天下昏乱，忠臣乃见。今天下共畔秦，其义必立魏王后乃可。"⑦张耳、陈余初投陈胜时，对陈胜说："愿将军毋王，急引兵而西，遣人立六国后。"张、陈又以"北略赵地"为名，从陈胜处骗得士卒三千人，下赵数十城，即立武臣为赵王；且拒绝陈胜的"趣发兵西入关"之命令，"北徇燕代，南收河内以自广"⑧，成为另一个复辟势力。其他如燕之韩广、魏之魏豹、韩之韩成等，都是大大小小的复辟势力。他们反秦，不能说对秦末农民大起义没有助益；但这些复辟势力的反秦各有其目的，就是妄图恢复被秦始皇灭亡了的旧国。他们不仅分裂了反秦力量，还一再打击、歼灭农民起义军。这就是说，这些复辟势力起兵，有有益的一面，也有反动的一面。起初，有益的一面较大，随着时间的推移，越来越反动。

关于巨鹿之战的性质，其主要方面为农民起义军的反秦斗争，其次要方面亦有旧贵族复辟势力联合抗秦自救的性质。所以这样，是因为当时仍为农民战争时期，一切反秦斗争都从属于农民战争，项羽及其军队仍为农民起义军的主要部分。但也应看到,被秦军围困在巨鹿的赵国君臣就是重要的复辟势力之一,"当是时,燕、齐、楚闻赵急,皆来救"⑨者,也多是复辟势力。燕之来救者为将军臧荼,齐之来救者有两支:一为将军田都,一为故齐王建之孙田安。就是楚之项羽本人也以恢复旧国为最终政治目标。在巨鹿之战后,"项羽召见诸侯将,诸侯将入辕门,无不膝行而前,莫敢仰视,项羽由是始为诸侯上将军,诸侯皆属焉"⑩。以项羽为首的强大的旧贵族军事复辟集团就这样组成。

再看一下刘邦入关灭秦的战斗,应当说也是艰苦奋斗、战功卓著的。刘邦于公元前208年(秦二世二年)二月离砀(今河南夏邑东南)西进时,只有部属四五千人。至陈留(今开封市东南陈留城)境,收编散卒游勇,扩大了军力。当时郦食其还讥讽他说:"足下起纠合之众,收散乱之兵,不满万人。欲以径入强秦,此所谓探虎口者也。"⑪可见刘邦之西进,是以弱攻强。他只能智取,不能力胜。刘邦西进,为时一整年。其主要战斗:秦二世三年十月,"攻破东郡尉及王离军于武城南"。十二月,"(救赵)至栗(今河南夏邑),得皇䜣、武蒲军,与秦军战,破之"。二月,"得彭越军昌邑(今山东巨野南),袭陈留(今河南开封市东南),用郦食其策,军得积粟"。三月,"攻开封,破秦将杨熊"。四月,

"攻颍阳（今许昌市西南），略韩地，北绝河津"。六月，"攻南阳守，破之阳城（今登封东南）郭东"。七月，"降下南阳，封其守齮"。八月，"攻武关（今陕西商洛西南丹江北岸），破之"。九月，"攻下峣（今商洛商州区西北）及蓝田。以留侯策，不战皆降"。次年十月，"秦王子婴降"⑫。在上述战斗中，秦将杨熊、赵贲、南阳守齮的军力都很强，武关、峣关都地形险峻，守军众多。如刘邦在犨（今鲁山东南）东大败南阳守齮，齮退保宛，刘邦不想强攻，拟绕过宛，直趋武关，但张良却以为不可。他说："沛公虽欲急入关，秦兵尚众，距险。今不下宛，宛从后击，强秦在前，此危道也。"刘邦于是就连夜引兵从他道潜回，围宛城三重，设计招降齮，刘邦封齮为殷侯，封其舍人陈恢为千户。刘邦又收其兵，"与之西，诸城未下者闻声争开门而待"[13]。此后，刘邦又相继收降戚鳃、王陵、番君别将梅鋗各部，在迫近武关时，秦将章邯率二十余万士卒降项羽。此时的武关、峣关均有秦兵据守，如张良就说："秦兵尚强，未可轻。"[14]他们于是设计，连续攻下此二关，大破秦军，兵至蓝田，迫使秦王子婴投降。

从以上的情况看，巨鹿之战固然为刘邦入关灭秦创造了有利条件；但如无刘邦长期转战河南，并大批地消灭、招降秦军，秦将军章邯也不会很快投降项羽，秦朝也不会那样迅速覆灭。章邯之降,主要原因有三:一、项羽乘胜追击;二、赵高在内部陷害;三、刘邦尽陷河南,且进迫武关,秦之大势已去。刘邦至霸上(今陕西西安市东)时,有士卒十万人。所以刘邦"入关灭秦"的历史意义不能低估。

三 楚汉战争,
消灭旧贵族复辟势力,统一中国

有人说:"楚汉战争是地主阶级内部为争夺农民战争胜利果实而进行的一场厮杀。"[15]这样的说法是不符合历史实际的。我认为这是继秦末农民战争之后而发生的一场新兴地主阶级与旧贵族势力进行的复辟与反复辟的斗争。更确切些说，是新兴地主阶级对旧贵族复辟势力进行的讨伐与全面涤荡的战争。关于楚汉战争的这一性质，不仅我们今天这样认识，就是当时的人也这样认识。如项羽的使者武涉说韩信曰："天下共苦秦久矣，相与戮力击秦。秦已破，计功割地，分土而王之，以休士卒。今汉王复兴兵而东，侵人之分，夺人之地，已破三秦，引兵出关，收诸侯之兵，以东击楚，其意非尽吞天下者不休，其不知厌足如是甚也。"[16]这虽是批评刘邦，但也说明了战争的性质。

刘邦作为新兴地主阶级的政治代表，始于入关灭秦后宣布实施"约法三章"时。他召集关中诸县父老豪杰曰："父老苦秦苛法久矣，诽谤者族，偶语者弃市。……与父老约法三章耳:'杀人者死,伤人及盗抵罪。'余悉除去秦法。诸吏人皆案堵如故。吾所以来,为父老除害,非有所侵暴,无恐。"不仅这样,他还"使人与秦吏行县乡邑,告谕之"。刘邦的这些做法很有利于稳定社会秩序,所以"秦人大喜,争持牛羊酒食献赏军士"[17]。有人分析"约法三章"说:"首先,这道法令在于保护地主阶级的生命财产,所谓'杀人者死,伤人及盗抵罪",乃是针对农民起义中'县杀其令丞,郡杀其守尉'(《汉书·张耳陈余传》)的情况制定的。至于'盗',更是明显地指贫苦的人民而言。在此之前,农民战争过程中,贫苦人民杀地主、官吏,劫夺官府、地主财物,在刘邦所率领的队伍中被视为合理的;但"约法三章"公布后,这些行为都被视为'犯罪',要处死或'抵罪'。而这些秩序又都靠原来秦朝地主政权的官吏维持,'诸吏人皆案堵如故'。可见"约法三章"在本质上是保护地主阶级利益的,说'得到地主阶级的广泛欢迎',应当是符合事实的。"[18]这样的分析我认为与历史实际不合,也非"约法三章"的本意。因为这时,秦朝已被推翻,也就是说当时社会的主要矛盾已基本上解决,农民起义的风暴已过。从社会发展的需要来说,并不是继续要"贫苦人民杀地主、官吏,劫夺官府、地主财物",也就不是越乱越好,而是要恢复社会秩序,恢

"汉并天下"瓦当,1951年陕西省临潼县栎阳出土,为汉高祖刘邦初定天下时所造。

复、发展社会生产。"约法三章"不仅为一般地主所需要,也为广大劳动人民所需要,符合当时社会的要求。

项羽进入关中后,是以旧贵族复辟势力的政治代表行事的。他以四十万大军压服刘邦,继而怀着满腔复仇怒火,"引兵西屠咸阳,杀秦降王子婴,烧秦宫室,火三月不灭。收其货宝妇女而东。"⑲接着又以盟主身份分封随从他入关的将军及关东已立诸侯等十八人为诸侯王。他自立为西楚霸王,王九郡,都彭城(今江苏徐州)。项羽所制造的这一政治格局不仅承认了关东的复辟事实,而且又增封了更多的诸侯王国,制造了新的矛盾,即旧王与新王的矛盾,以至连续爆发复辟势力之间的内战。如《史记·项羽本纪》曰:"臧荼之国,因逐韩广之辽东。广弗听,荼击杀广无终,并王其地。田荣闻项羽徙齐王市胶东,而立齐将田都为齐王,乃大怒,不肯遣齐王之胶东,因以齐反,迎击田都,田都走楚。齐王市畏项王,乃亡之胶东就国,田荣怒,追击杀之即墨,荣因自立为齐王;而西击杀济北王田安,并王三齐。荣与彭越将军印,令反梁地。"继之陈余又与田荣连兵,协助代王(原赵王歇)击常山王张耳。关东广大地区顿时陷入混战之中。当时陈余的使者张同、夏说对田荣曰:"项羽为天下宰,不平,今尽王故王于丑地,而王其群臣诸将善地,逐其故主。"[20]可见关东的战争完全是由于项羽扶植复辟势力、制造复辟局面引起的。

楚汉战争开始于刘邦在公元前206年（汉元年）8月自汉中出兵，灭掉项羽所封立的雍、塞、翟三国，史称"还定三秦"。从那时至前202年（汉五年）十二月项羽败死于乌江，为时四年有余。再看这期间刘邦和项羽的政治态度。关于刘邦，《汉书·高帝纪》曰：汉二年十月，"汉王如陕（今河南三门峡市西旧陕县），镇抚关外父老。河南王申阳降，置河南郡"。"缮治河上塞。故秦苑囿园池，令民得田之"。二月，"施恩德，赐民爵。蜀汉民给军事劳苦，复勿租税二岁。关中卒从军者，复家一岁。举民年五十以上，有修行，能帅众为善，置以为三老，乡一人。择乡三老一人为县三老,与县令丞尉以事相教,复勿徭戍,以十月赐酒肉"。六月,"置河上、渭南、中地、陇西、上郡"。九月,"定魏地,置河东、太原、上党郡"。三年冬十月,击赵,"置常山、代郡"。十一月,汉王"西入关,至栎阳(今陕西临潼东北),存问父老,置酒"。秋八月,"初为算赋"。"汉王下令:军士不幸死者,吏为衣衾棺敛,转送其家。四方归心焉"。上引资料所反映的都是新兴地主阶级的政治行为,其中包括了政治制度、赋税制度及各种抚民政策措施。关于刘邦的政治思想,从汉三年春他放弃郦食其的建议,而采纳张良"八难"之策一事,也可以看得出来。当时郦食其为"谋桡楚权",主张刘邦派人"立六国后以树党"。张良发"八难"而批驳了郦的意见,实际上是主张由刘邦进行统一战争的。

关于项羽,他自关中回到彭城不久,即卷入关东的复辟势力之间的战争中。为了维护他制定的政治格局,在战争中表现得十分残酷。《史记·项羽本纪》曰:汉二年冬,"项羽遂北至城阳(今山东菏泽东北),田荣亦将兵会战。田荣不胜,走,至平原,平原民杀之。遂北烧夷齐城郭室屋,皆坑田荣降卒,俘虏其老弱妇女,徇齐至北海,多所残灭。齐人相聚而叛之,于是田荣弟田横收齐亡卒,得数万人,反城阳。项王因留,连战未能下"。同书《黥布列传》太史公曰:"项氏之所坑杀人,以千万数。"其他有关的坑杀、屠城的事例还很多。这充分暴露了他的旧贵族复仇主义。

从以上的分析可以看出,楚汉战争确是以刘邦为代表的新兴地主阶级与以项羽为代表的旧贵族势力之间所进行的一场你死我活的复辟与反复辟斗争。在这场斗争中,刘邦不仅彻底消灭了项羽军事集团,还把项羽所封立的十几个诸侯王国也全部消灭了。当然其中有的是在复辟势力的火并中被消灭的,有的投降了刘邦。项羽败死之后,刘邦进而把六国旧贵族残余分子强制迁徙到国都长安一带,集中管制起来,从根本上摧毁了这一反动势力的地方基础。由于这场战争是由刘邦首先自汉中发动并主动出击的，可以说这是新兴地主阶级对旧贵族复辟势力进行的一场武力讨伐与全面涤荡。

楚汉战争开始之时，楚强汉弱，可是战争的结局是楚败汉胜。究其原因，历代的学者各有评述，意见不尽一致。我认为主要原因有三：一、政治主张不同。刘邦代表新兴地主阶级的政治主张，反对、剪除旧贵族复辟势力，进行统一中国的战争；在所占地区主要实行郡县制度，重视安抚百姓，恢复发展生产，得到人民的拥护，符合历史发展的要求。项羽代表旧贵族复辟势力，妄图维护他所制造的使中国重新分裂割据的政治格局，并一再挑起战争。

《史记·淮阴侯列传》曰:"项王所过,无不残灭者。天下多怨,百姓不亲附,特劫于威强耳。名虽为霸,实失天下心,故曰其强易弱。"可见项羽的行径违犯了人民的利益,与历史要求背道而驰。二、战略、策略不同。刘邦兵力薄弱,但有蜀汉、关中为后方,人力、物力供应不断,坚持持久战。项羽虽兵力强大,但后方在彭城,为四战之地,补给路线太远,力求速战速决。在这样的形势下,刘邦决定运用"宁斗智,不能斗力"[21]的战略原则,与项羽展开了旷日持久的相持不决的战争。在这场战争中,刘邦据守荥阳、成皋。此两地位于今河南中部,东西相距数十里,左临河,右依山,为入关孔道。汉淮南王刘安曰:"人言绝成皋之道,天下不通。"㉒此为自古以来的兵家必争之地。荥阳在秦为三川郡治,其西北山上临河建有太仓(敖仓),积粟极多,为战略物资。从此地东至彭城,轻骑二三日可达。刘邦军于此,可守可攻,对楚是一个严重威胁。项羽集中主要兵力来争夺此地,劳而无功,陷于被动。《史记·黥布列传》曰:汉军"还守成皋、荥阳,下蜀、汉之粟,深沟壁垒,分卒守徼乘塞。楚人还兵,间以梁地,深入敌国八九百里,欲战则不得,攻城则力不能,老弱转粮千里之外。楚兵至荥阳、成皋,汉坚守而不动,进则不得攻,退则不能解"。楚汉在此相持,自前205年6月至前203年9月,共两年又三个月。项羽未能他顾,而刘邦却乘机命大将军韩信自夏阳(今陕西韩城南)东渡河,相继灭魏、代、赵,降燕,统一河北。又南下灭齐,占彭城、广陵(今江苏扬州),最后会击项羽于垓下(今安徽灵璧东南),项羽因而失败。三、用人态度不同。刘邦与项羽用人的态度各有长短。但比较而言,刘邦顾大节,项羽重小恩惠。当时的人即说刘邦性明达,好谋能听,肯赏有功,禄有能,豪英贤才愿到他麾下。他本人虽"不能将兵,而善将将"[23],所以楚营中不得意的谋臣良将相继投向刘邦。项羽则刚愎自用,不肯封赏,重用亲人。如重用的项氏族人就有项伯、项悍、项声、项庄、项它等。其他异姓亲信不多。陈平说:"项王不能信人,其所任爱,非诸项即妻之昆弟,虽有奇士不能用。"㉔韩信在楚营,"官不过郎中,位不过执戟。言不听,画不用。故倍楚而归汉"㉕。陈平在楚营,只任都尉。他们投向刘邦,都得到重用。刘邦在战胜项羽后,曾向群臣谈了他与项羽在用人方面的情况。他说:"运筹策帷帐之中,决胜于千里之外,吾不如子房;镇国家,抚百姓,给馈饷,不绝粮道,吾不如萧何;连百万之军,战必胜,攻必取,吾不如韩信。此三人皆人杰也,吾能用之,此吾所以取天下也。项羽有一范增而不能用,此其所以为我擒也。"㉖

四 "汉承秦制",推动社会历史发展

刘邦在建国后的功绩,过去只谈"休养生息",当然这也重要。因为"休养生息"对稳定社会秩序、恢复发展生产都是必要的。可是刘邦还有一项更重要的功绩,就是"汉承秦制"。此事不是一般制度的延续,而是关系到中国古代历史的发展和社会的进步。关于此一历史功绩,长期以来一直为人们所忽视。

关于"休养生息",这在西汉初年是十分必要的。当时,社会在长期战乱之后,"民失作业而大饥馑,凡米石五千,人相食,死者过半"。"自天

子不能具醇驷,而将相或乘牛车"㉗。"天下初定,故大城名都散亡,户口可得而数者十二三"㉘。刘邦为恢复社会秩序,发展生产,于打败项羽后的第五个月,下令全面复员军队,招徕流亡人口,"复故爵田宅"以安定之,又解放奴婢。此令即"高帝五年诏"。与此同时,刘邦还下令减轻田租,十五税一,厉行节约,减轻徭役,制定"重农抑商"政策,对匈奴、两越采取不用兵戈的羁縻政策。这些就是西汉前期"休养生息"政策的主要内容。此后,刘氏子孙继承并发展了这些政策措施,促使当时的社会秩序迅速得到安定,社会经济也由恢复而发展。《史记·平准书》曰:"孝惠、高后时……量吏禄,度官用，以赋于民，而山川园池市井租税之入，自天子以至于封君汤沐邑，皆各为私奉养焉，不领于天下（子）之经费。漕转山东粟，以给中都官，岁不过数十万石。"同书《货殖列传》曰："汉兴，海内为一，开关梁，弛山泽之禁，是以富商大贾周流天下，交易之物莫不通，得其所欲。"于是，就出现了所谓"文景之治"的局面。至武帝即位之时，西汉的社会经济达到了最隆盛的时期。即如《平准书》所说："汉兴七十余年之间，国家无事，非遇水旱之灾，民则人给家足，都鄙廪庾皆满，而府库余货财。京师之钱累巨万，贯朽而不可校；太仓之粟陈陈相因，充溢露积于外，至腐败不可食。众庶街巷有马，阡陌之间成群。而乘字牝者傧而不得聚会，守闾阎者食粱肉，为吏者长子孙，居官者以为姓号。"创造出这样的隆盛局面的主要原因，从统治者的角度来说，刘邦应得首功。

为什么说"汉承秦制"关系到中国古代历史的发展和社会的进步呢？因为西周时期是封建领主制时期，其政治制度，在中央以周天子为最高统治者，其统治集团的主要成员为贵族身份的卿大夫。地方统治制度为分土封侯制，诸侯亦都是由贵族世袭。这一制度造成了春秋、战国时期长达数百年的诸侯割据混战的局面。秦始皇消灭六国，统一中国，废分封，实行中央集权制，即中央以皇帝为最高统治者，其统治集团的主要成员基本上为无身份限制的三公九卿。地方统治制度采用郡县制,郡守、县令及其僚属也是由无身份限制的官吏充当。这一新的政治制度是以新兴的地主土地所有制即土地私有制为基础形成的。秦始皇废除贵族政治和分封制,实行中央集权的官僚政治和郡县制,这是中国古代历史的一大进步。

可是,秦始皇统一中国才十一年,就爆发了以陈胜、吴广为首领的农民大起义,紧接着又发生了六国旧贵族复辟运动,至项羽在关中自立为西楚霸王并分封十八诸侯王时,实际上刚刚实行不久的新的政治制度已被彻底废除。在当时的二十余个军事集团[29]中,绝大多数是复辟势力或分裂割据势力,只有刘邦一人反对这些反动势力,并在楚汉战争中,把这些反动势力一一消灭,少数为招降。刘邦在消灭了项羽等复辟势力之后,建立西汉王朝,"汉承秦制",自称皇帝,中央机构和秦朝相同,地方上实行"郡国并行制",基本上是郡县制。萧何以《秦律六章》,即《盗》《贼》《网》《捕》《杂》《具》六律为基础,补以《户》《兴》《厩》三篇,合为《汉律九章》[30]。在礼仪方面,《史记·礼书》曰:"至于高祖,光有四海,叔孙通颇有所增益减损,大抵皆袭秦故。自天子称号下至佐僚及宫室官名,少所变改。"此外,土地所有制、赋税制及一切其他重要制度,几乎均承秦制。一般都说秦始皇开创的事业,由汉武帝完成了。其实确切些说,秦始皇开创的事业一度遭到废除,是刘邦重新振兴、继承,由汉武帝完善、发展,成为此后两千余年间的各种封建制度的基础。

从以上的论述来看,说刘邦是我国封建时代的一位伟大的政治家,并不过分。曾说过刘邦许多坏话的司马迁在论述他撰写《高祖本纪》本旨说:"子羽暴虐,汉行功德。愤发蜀汉,还定三秦。诛籍业帝,天下惟宁。"[31]此论是比较公允的。

注释:

① 梁园东:《中国政治社会史》,第二分册第40、49页,群联出

版社1954年10月第1版。

②周谷城：《中国通史》上册第159页，新知识出版社1955年12月第1版。

③范文澜：《中国通史简编》修订本第二编第26、27、31页，人民出版社1958年版。

④《汉书·晁错传》。

⑤《汉书·蒯通传》。

⑥《史记·田儋列传》。

⑦《史记·魏豹列传》。

⑧⑨以上均引自《史记·张耳陈余列传》。

⑩《史记·项羽本纪》。

⑪《史记·郦生列传》。

⑫《史记·秦楚之际月表》。

⑬以上均见《汉书·高帝纪》上。

⑭《史记·留侯世家》。

⑮林剑鸣:《秦汉史》上册第255页,上海人民出版社1989年第1版。

⑯《史记·淮阴侯列传》。

⑰《史记·高祖本纪》。

⑱林剑鸣:《秦汉史》上册第229页,上海人民出版社1989年第1版。

⑲《史记·项羽本纪》。

⑳以上均见《史记·项羽本纪》。

㉑《史记·项羽本纪》。

㉒《汉书·伍被传》。

㉓《史记·淮阴侯列传》。

㉔《史记·陈丞相世家》。

㉕《史记·淮阴侯列传》。

㉖《史记·高祖本纪》。

㉗《汉书·食货志》上。

㉘《史记·高祖功臣侯表》。

㉙除项羽的西楚和所封十八诸侯王外，还有故赵将陈余封于南皮（今河北南皮县东北）等三县，番君别将梅鋗封十万户侯。

㉚见《晋书·刑法志》。

㉛《史记·太史公自序》。《项羽本纪》曰："项籍者，下相人也，字羽。"《索隐》："按序传：籍字子羽也。"

汉武帝刘彻

汉武帝刘彻是汉高祖刘邦的曾孙,是我国古代继秦始皇之后的又一位为民族、国家卓有建树的伟大政治家。他在位五十四年,有功也有过。但总的来说,其功最为主要,也最为巨大,他不仅把秦始皇所开创的事业巩固了下来,而且向前推进了一大步,把中国古代多民族的统一的伟大祖国的形成和发展这一事业推进到一个新的历史阶段。因此,在历史上,他与秦始皇齐名,号称"秦皇汉武"。

可是,汉武帝与秦始皇在时间上并不衔接,中间相距约七十年。汉武帝并未直接承继秦始皇的事业。秦始皇死时,他所开创的统一大业就像纸炮一样,轰然而灭。各地农民军风起云涌,六国旧贵族乘机反叛。所谓"天下之士云合雾集,鱼鳞杂袭,飘至风起,当此之时,忧在亡秦而已"(《汉书·蒯伍江息夫传》)。天下乱作一团。三年多的农民战争,秦朝灭亡了。继之又四年多的"楚汉战争",项羽失败;刘邦胜利,并建立了西汉王朝。刘邦的大将如韩信、英布、彭越等均以功被封为王,史称"异姓王",自北而南,有异姓王燕、赵、韩、梁、楚、淮南、长沙等,约占去当时西汉疆域的大半。可是,这些异姓王挟"震主之威",与中央的矛盾严重。刘邦感到威胁太大,寝食不安,调动强大的兵力才逐个将他们诛除,只留下了一个势力薄弱的吴芮安居于长沙。刘邦为了控制形势,又封自己的兄弟子侄为王,史称"同姓王",以壮声威。可是同姓王亦不可靠,后来一再制造事端,破坏中央的统治秩序。景帝时,更由吴王濞为首,制造了七国联合叛乱,史称"七国之乱",景帝倾全力才把这场叛乱平定下来。诸侯王问题依然存在。

边疆的情况更为严重。秦末农民大起义时,匈奴人又乘机越过长城而进入今陕西、山西北部,有"饮马黄河"

之势。刘邦在打败项羽后，曾想一鼓作气，率三十二万大军将匈奴赶走，可是才到平城（今山西大同附近），就被匈奴四十万骑士包围，粮尽援绝，最后不得不答应"和亲"，匈奴才网开一面，放他们逃生。此后，多次嫁"公主"给匈奴单于为妻，每年要送大米、酒类、丝绸等给匈奴，以求平安。可是，就这样，匈奴仍时时侵扰，"烽火通于甘泉、长安"。南方的东越、南越已割据独立，而且不时地向北侵扰。至于秦时经营的五尺道和西南夷的北部地区，刘邦早已弃置不管了。这时西汉的疆域比秦朝小得多。

至于西汉初年的社会经济问题，也十分严重。《史记·平准书》曰：

"汉兴,接秦之弊,丈夫从军旅,老弱转粮饷,作业剧而财匮。自天子不能具钧驷,而将相或乘牛车,齐民无藏盖。""物踊腾粜,米至石万钱,马一匹则百金。"社会秩序混乱,人口散亡,不少破产农民嫁妻卖子。刘邦及其子孙对内只好"无为而治",实行"重农抑商""轻徭薄赋"政策,力求社会安定;又修"马复令",增殖马匹,以利于耕作,也准备对抗匈奴的入侵。还实行"入粟拜爵"政策,以积储军粮。高祖、吕后、文帝、景帝这几代帝、后,共用了数十年的时间,忍辱含垢,苦心经营,至武帝即位时,情况才发生了根本性的变化。

司马迁说:"至今上即位数岁,

汉兴七十余年之间,国家无事,非遇水旱之灾,民则人给家足,都鄙廪庾皆满,而府库余货财。京师之钱累巨万,贯朽而不可校;太仓之粟陈陈相因,充溢露积于外,至腐败不可食。众庶街巷有马,阡陌之间成群。"汉武帝就是在这一新的物质条件下,改"无为"为"有为",经过四五十年的艰苦奋斗,才逐步重建秦始皇的伟业并推向前进。

汉武帝一生的功绩很多,归纳起来,可分为三个方面:一、进一步奠定祖国的疆域,推动多民族的统一国家的形成和发展;二、完善中央集权制度,巩固政治统一,促进经济发展;三、征集古代遗书,设五经博士,兴太学,设乐府,推动文化、教育事业的复兴和发展。

西汉画像砖

一

汉武帝奠定祖国疆域一事是从抗击匈奴开始的。应当说,此功在历史上是不可磨灭的。不过古代有些读书人常有微词,例如北宋的大史学家司马光就说汉武帝"穷兵黩武"。(《司马文正公传家集》卷66《河间献王赞》)南宋大儒朱熹说:"武帝做事,好拣好名目。如欲逞兵立威,必曰高皇帝遗我平城之忧。若果以此为耻,则须修文德以来之,何用穷兵黩武,驱中国生民于沙漠之外,以尝锋镝之惨!"(《朱子全书》卷61《西汉》)这真是无稽之谈。

匈奴人南侵,有其历史必然性。

因为匈奴是生活在蒙古高原上的一个古老的民族，以游牧为生，逐水草而居，食肉衣皮，经济单一，缺少粮米和布帛。

显然这样的经济生活应当与比邻的黄河流域的农业区建立经济优势互补关系，以改善本民族的生活，对汉族的居民亦很有利。可是，那时的匈奴统治者还认识不到与汉朝和平"互市"是最好的互补手段，而是想依靠强大的骑射之士冲入长城，进行抢劫。尽管自高祖、吕后、文帝、景帝六十余年间，嫁了不少"公主"给匈奴，还送去了大批粮米、布帛等，一再要求"和亲""修好""约为兄弟"等，可是匈奴仍入侵不断，焚杀虏掠不停。文、景时期，汉、匈之间大小规模的战争时有发生。至汉武帝时,汉、匈之间要进行决战是必然的。

汉武帝于元光二年(前133年)开始对匈奴进行战争。从元朔元年(前128年)到元狩四年(前119年)的十年中,共进行了三次大战。第一次大战是在元朔二年。这年,匈奴以两万骑入侵,杀辽西太守。汉使将军卫青以三万骑击匈奴,收复了河南地(今内蒙古伊克昭盟),设朔方、五原郡。解除了匈奴对首都长安的威胁。第二次大战是在元狩二年(前121年),由将军霍去病率数万骑北击匈奴,出陇西、北地,深入匈奴区二千余里,夺得祁连山和河西走廊,并在这里设置了武威、酒泉二郡,后又增置张掖、敦煌二郡,即所谓"河西四郡"。匈奴退出河西走廊后,编了一首怀恋河西的歌曲,词曰:"亡我祁连山,使我六畜不蕃息;失我焉支山,使我妇女无颜色。"(《西河故事》)汉夺得河西走廊,隔断了匈奴与羌人的军事联合,又为汉通西域开辟了重要通道。

第三次大战是在元狩四年(前119年)。匈奴各以数万骑入右北平和定襄郡,杀掠惨重。武帝以卫青出定襄,霍去病出代郡,各率骑五万,步兵数十万,另有志愿从征者四万匹马,粮食辎重还不计在内。卫青大破单于军,北至寘颜山赵信城(今蒙古杭爱山南)而还。霍去病出代郡两千余里,大破左贤王军，至狼居胥山（今蒙古乌兰巴托东），临翰海（今呼伦湖与贝尔湖）而还。从此，匈奴北徙漠北。汉自朔方西至令居（今甘肃永登），以六十万吏卒屯田，加强防守。

在汉对匈奴作战的过程中，卫青与霍去病都是军事统帅，都立有很大的功劳。其中霍去病表现得更为突出，甚得汉武帝欢心。他十九岁即为将军，很快升为统帅。武帝为表彰他的军功，要给他修建高大的府第，他委婉谢绝了，说："匈奴未灭，无以家为也。"可是他仅至二十四岁就因病死去，汉武帝十分伤心，把他葬在自己的茂陵旁边陪陵。为他修的坟墓巨大，上积多块巨石，象征祁连山；墓前置巨型石刻"马踏匈奴",以纪念他的军功。此外还置巨型石刻,有虎、牦牛、马、卧象、人熊相搏、猛兽食羊等,艺术价值都很高。

　　汉武帝对匈奴进行战争是迫不得已的。汉损失士卒数万人,马十余万匹,财政困难,社会经济受到严重影响。他在对匈奴战争中期,曾对卫青说:"汉家庶事草创,加四夷侵陵中国,朕不变更制度,后世无法;不出师征伐,天下不安。为此者,不得不劳民。若后世又如朕所为,是袭亡秦之迹也。"可见他对这场战争的消极后果是心中有数的。打败匈奴之后,汉亦控制了西域。他在去世前两年(前89年),也就是他在六十八岁时,为拒绝派兵到轮台（今新疆轮台东南）屯田而下了一个全面转变政策的诏书。诏书"深陈既往之悔"，说："朕即位以来，所为狂悖，使天下愁苦，不可追悔。自今事有伤害百姓、糜费天下者，悉罢之。"（《资治通鉴》卷22《汉纪》十四武帝征和四年）又说："当今务在禁苛暴，止擅赋，力本农，修马复令以补缺，毋乏武备而已。"（《汉书·西域传》下《渠犁传》）这就是历史上著名的《轮台诏》，亦称为《轮台罪己诏》。

可是匈奴的损失更为惨重，后发生内讧，分裂为五部，互相攻杀。有的居于漠北，也有的南迁大青山一带，要求与汉"和亲"。公元前33年，南部匈奴的呼韩邪单于到长安，汉元帝以宫人王昭君（名嫱）嫁与呼韩邪单于，匈奴号之为宁胡阏氏（单于妻）；元帝亦改年号"建昭"为"竟宁"，即边境安宁之意。汉、匈从此修好，此后有五十年没发生大的战争。

从以上的事实可以看出，朱熹的评论真是书生之见。

汉武帝为抗击匈奴，争取外援，而经略西域，是他为奠定祖国疆域而立下的第二大功。有人说，汉武帝经略西域是为了得到大宛的汗血马。这也不符合历史的实际。汉武帝固然对汗血马很有兴趣，而且为了得到汗血马曾对大宛用兵。可是，此事在汉武帝经略西域的过程中，只是一个不大的插曲。经略西域的主要原因，起初是为了联合大月氏、乌孙两国，东西夹击匈奴；后来则发展为开疆拓土。

西汉初年，大月氏和乌孙都居住在今甘肃祁连山、敦煌一带，互相邻近。乌孙为月氏人击破，逃入匈奴地区。月氏又为匈奴击破，大部分逃至今新疆西北的伊犁河流域，称大月氏。大月氏又被乌孙人赶走，南下葱岭以西，臣服大夏人，以大月氏为国号。小部分未西逃的月氏人称小月氏，混入羌人中。乌孙人则占据了伊犁河流域。汉武帝于公元前138年（建元三年）派张骞出使大月氏，建议与汉联合夹击匈奴，可在胜利后迁回祁连山旧地居住。大月氏人安于新居地，不愿东归，张骞未果而回。前119年（元狩四年），汉武帝又派张骞出使乌孙,建议乌孙与汉联合夹击匈奴,可在胜利后回祁连山旧地居住。乌孙人因地近匈奴,对汉的势力不甚了解,亦不愿意陷于汉匈战争之中。张骞又无功而返。但是,从此汉与大月氏及乌孙建立起了友好关系。汉武帝先后把细君公主和解忧公主嫁给了乌孙王,加强汉与乌孙的联盟关系。细君初到乌孙时,国王已年老,语言不通,生活习惯差别很大。她很思念家乡,作歌曰:

  吾家嫁我兮天一方,远托异国兮乌孙王;
  穹庐为室兮旃为墙,以肉为食兮酪为浆。

居常土思兮心内伤,愿为黄鹄兮归故乡!

汉武帝很同情她,经常派使臣去看望她。老乌孙王也很同情她,愿意把她改嫁给孙子岑陬。她不同意,上书汉武帝。武帝去信。劝她"从其国俗",这才改嫁。岑陬后继王位。细君病死,武帝又以解忧公主嫁岑陬。解忧的侍者冯嫽嫁乌孙右大将,号冯夫人。解忧与冯嫽到乌孙时,都只有十六七岁。她们在乌孙五十余年,访问了西域许多国家,并争取这些国家与汉通好,或与汉结盟。公元前101年(太初四年),汉武帝在乌垒(今轮台东)设置使者校尉,又在渠犁(今轮台东南)驻兵屯田。至宣帝时，改使者校尉为西域都护，总管西域南北路事务。这时，汉朝的疆域已包括了今巴尔喀什湖以东以南的广大地区。从此，自长安西经今河西走廊、新疆的天山南麓和昆仑山北麓，越葱岭，达于中亚、西亚、南亚的丝绸之路，相继开通了。为经略西域、开通丝绸之路而立有功劳的人很多，可是任何人的功劳都不能与汉武帝的功劳相比。

汉武帝再次经略两越和西南夷，将南部疆域推进到今海南岛和贵州、云南的中西部，是他为奠定祖国疆域而立下的第三大功。

两越是东越和南越，在秦朝，已纳入中央版图。可是在秦末农民大起义时，两越相继起兵独立。西汉前期，依然如此。东越贵族摇在今浙江南部建立东瓯王国,亦称东海王国;东越的另一贵族无诸在今福建建立闽越王国。南越则由秦朝时的地方官赵佗占据,建立南越王国。这三个王国名义上接受汉的封号,实际是三个强大的割据势力,不听命于汉朝。

汉武帝初即位时,闽越进攻东瓯,东瓯向汉朝告急,汉武帝派兵救东瓯,闽越退兵。东瓯人请求内迁,武帝迁东瓯人于江、淮之间。建元六年(前135年),闽越又进攻南越,南越也向汉朝告急,武帝出兵击闽越,闽越贵族杀了闽越王,仍与汉对抗。武帝派陆海士卒夹击闽越,后亦将闽越人迁于江、淮之间。东瓯、闽越旧地划入会稽郡管辖，汉派军队前来驻屯。今福建崇安县的汉代遗址和铁农具都是当年的屯守者留下来的。

南越王赵佗原是真定（今河北正定）人。秦时初任南海郡龙川令，后行南海尉事。西汉前期，为南越王。其曾孙婴齐在长安宿卫时，娶邯郸女樛（liú）氏为妻。后樛氏子兴继位为王，与太后樛氏上书："请比内诸侯，三岁一朝；除边关。"武帝同意南越的请求，并"赐其丞相吕嘉银印，及内史、中尉、太傅印，余得自置。"（《史记·南越尉佗列传》）可是，丞相吕嘉及其家族是一个强大的地方势力，反对内属，杀太后和南越王及汉使，发动叛乱。汉武帝遣伏波将军路博德、楼船将军杨仆等以水兵十万人,分四路进攻南越。破番禺(今广州),俘吕嘉等,迅速平定了叛乱。将南海地区划分为九郡,置于中央的直接控制之下。南海九郡为南海、苍梧、郁林、合浦、交趾、九真、日南、珠崖、儋耳。后两郡设在今海南岛上。从此时起,海南岛和南海诸岛都入于中国的版图。今天在西沙群岛和南沙群岛上发现有汉代的五铢钱、陶器、陶片等,都是当年先民的遗物。

汉武帝经略西南夷,是为了从汉的西南地区找出一条通向西域的通道。在张骞第一次出使西域归来之后,曾对汉武帝说,在大夏时,见到蜀布和邛(qióng)竹杖,得知是从在身毒(今印度)的蜀商处买来的。又得知身毒在大夏东南数千里，在邛（今四川西昌）西二千里。他认为汉欲通大宛、大夏、安息等国，经河西，易为匈奴、羌人所阻；如自蜀通身毒，路既近，又无阻碍。

汉武帝派出十余批人经略西南夷，寻求通身毒之路。先是封今贵州地区的夜郎侯为夜郎王，又封今云南昆明地区的滇人首领为滇王，都赐给金印。滇王家族的墓区在今云南晋宁县石寨山。五十年代，已发掘了若干墓葬，出土大批青铜器和其他器物，其中有一颗汉式金印，文曰"滇王之印"。这是当年的遗物。

汉武帝派人西行，至今洱海附近，为当地昆明人阻止，不得通行。汉武帝即在已归汉朝控制的地区设置七郡；以秦时通五尺之道的地区置犍为郡（今四川宜宾西南），且兰为牂柯郡（今贵州黄平），邛都为越嶲郡（今四川西昌），筰都为沈黎郡（今汉源东北），冉駹为汶山郡（今茂汶北），白马为武都郡（今甘肃东南），滇为益州郡（今云南晋宁）。至东汉时，疆域已达到今云南保山西南中缅边界处。

二

汉武帝曾对卫青说："汉家庶事草创……朕不变更制度，后世无法。"他所变更的制度主要是完善了一些政治制度，制定了一些新法律，推行了一些新经济政策,使秦始皇创立的一些政治、经济制度和政策得到进一步发展和完善。

刘邦建立西汉时,基本上继承了秦制。汉武帝对于中央制度的改革,主要是进一步加强皇帝的权力,削弱丞相权力;设置刺史制度,加强对地方官吏的监督;实行"推恩令"和"附益法",把诸侯王的政治特权限制到最小的程度。又建立期门军、羽林骑等侍从军,建立八校尉为常驻首都的禁卫军。此军士卒由招募而来,是职业兵,这是中国古代有募兵制的开始。西汉初年,只有《汉律》九章,"网漏吞舟之鱼"。后一再增补,还不敷社会和政治需要。至武帝时,大力整修法律,增至三百五十九章，大辟（死刑）四百九条，一千八百八十二事，死罪决事比一万三千四百七十二事。汉律的一再增补，对加强西汉王朝的统治，加强国家的统一，为维护社会秩序，安定人们的生产和生活等，都起了一定的积极作用。

汉武帝对经济方面的改革影响很大。其中最主要的是改革币制，使用五铢钱。西汉前期，币制很不稳定，经常改革。如刘邦初即帝位时，认为秦钱太重，改铸用荚钱。高后时，用八铢钱，后又改用五分（十二铢）钱。文帝时，又用四铢钱，钱上铸"半两"二字，后人为区别于秦"半两"，称之为小"半两"。武帝初，用三铢钱，后改用半两钱。除中央铸造货币外,各郡、国官府和地主、商人均可仿铸。同一种货币,其大小、轻重、规格以及用铜质量的差别很大,货币极度混乱,严重影响了社会经济的发展和国家的赋税征收。元狩五年(前118年),汉武帝下令由上林三官(钟官、技巧、辨铜)铸造五铢钱,作为法定货币,通行于全国;而且严禁地方政府和私人仿铸。旧时的货币一律作废。五铢钱有周郭,钱上有"五铢"二字,式样规整,重量为五铢,不易盗铸,流通方便。这种货币相当稳定,一直沿用到三国时期。

　　汉武帝在手工业方面曾实行盐铁国营政策。主要是为了筹集对匈奴作战的钱财和物资,此事先后由孔仅、东郭咸阳和桑弘羊主持,对打败匈奴、支持武帝经略西域等事起了积极的作用。对西汉冶铁业的发展和铁农具的推广亦起了重大的作用。汉武帝还实行均输和平准政策。均输是官府经营商业,平准是在长安和其他重要城市平抑物价。其方法是官府利用均输官所储存的物资,根据市场上的主要物价,贵时抛售,贱时收购,这样打击了富商大贾的囤积居奇行为,使市面物价保持稳定。

汉武帝下《轮台诏》后,停止了对外征伐,转向整顿内政。任命田千秋为丞相,封富民侯。以赵过为搜粟都尉,推行代田法,代田法是适宜于西北地区农业生产的一种轮耕制生产方法。这种方法以宽一步(六尺)长百步的一亩地为例，纵分田地为三圳（quǎn，畖）、三陇，圳、陇各宽一尺，布种圳中。苗长高时，用陇土培固根部，作物能耐风旱。次年，圳、陇互换其位，以调节地力。代田法用二牛三人耕作，每年可耕种五顷，亩产量比用通常的耕作方法耕种的田地增加一斛（石）以上。多的可增加两斛或更多。赵过还推广用耧车播种的技术，比用人播科学而且速度快。

汉武帝还很重视兴修水利。从前，自黄河运粮以供应首都长安，经渭水，行程九百余里，需时六个月。武帝下令修漕渠，三年完成，西起长安，东通黄河，运程只有三百余里，漕运时间也减少了一半，还可灌溉田地一万余顷。他又在关中修灵轵渠、成国渠、沣渠、六辅渠、白渠等。白渠最为有名。白渠始凿于太始二年（前95年），在渭水之北，西起谷口（今陕西礼泉东北），东入栎阳，引泾水，注入渭水，与郑国渠平行，长二百里，溉田四千五百余顷。当时有歌谣曰："田于何所？池阳谷口。郑国在前，白渠起后，举臿为云，决渠为雨。水流灶下，鱼跳入釜。泾水一石，其泥数斗；且溉且粪，长我禾黍；衣食京师，亿万之口。"（《汉书·沟洫志》）在汉武帝倡导下，各郡县也大力发展水利事业。黄河、江、淮各大流域，西北边远地区如朔方、西河、陇西、酒泉等地，多开有巨大的灌溉渠，灌溉成千上万顷农田。黄河原于元光三年（前132年）夏在瓠子（今河南濮阳南）决口，水经瓠子河入巨野泽，流于淮、泗，被灾地区达十六郡，时长二十余年；可是丞相田蚡匿而不报。汉武帝自泰山回长安，发现此事，坐镇指挥，发士卒数万人堵塞决口，又命随行官员自将军以下的都参加筑堤。他还怀着悲愤的心情，写了《瓠子歌》二首，概述黄河泛滥所造成的危害，谴责河伯"不仁"，表示要决心治河，消除水患，使"万福来"。决口堵塞后，又下令在大堤上修宣房宫一座，以镇河伯。从此河水北行，"梁、楚之地复宁，无水灾。"（《史记·河渠书》）

三

汉武帝的第三方面的功绩是在文化和教育方面。关于此事,在两千多年的历史上,似乎并未得到应有的承认。相反,指责却非常之多,而且也很严重。一面指责他"罢黜百家,独尊儒术";另一面又批评他"尊儒"也没有"尊"好。如司马光批评他"虽好儒,好其名而不知其实,慕其华而废其质"(《河间献王赞》)。这些批评都不准确。如果用这些批评来概括汉武帝在文化方面的全部情况,更不符合历史实际。与这些评论相反,东汉著名史学家班固在《汉书·武帝纪》"赞"中,不仅只字未提汉武帝的"武功",而对他的"文治"却大加表彰。他认为,武帝不是一般的帝王,而是汉代,实际上是中国古代文化的复兴者,他开创了西汉文化的"洪业,而有三代之风"。

中国古代文化,发展到战国时期,进入了第一个黄金时代,"百家争鸣","处士横议"。可是秦始皇时,曾发生"焚书坑儒"之事,继之项羽又火烧咸阳秦宫,博士官的图书焚烧殆尽。至西汉前期,中国的文化陷入低谷。《汉书·武帝纪》"赞"曰:"汉承百王之弊,高祖拨乱反正,文、景务在养民。至于稽古礼文之事,犹多阙焉。"汉武帝就是在这样的背景下大力振兴祖国的文化,并使之由复兴而发展的。

　　汉武帝在文化复兴方面的最大成就就是设"五经博士","兴太学"。此举是他复兴文化运动的主要标志。五经博士就是主持研究儒家经典《诗》《书》《易》《礼》《春秋》的学官,也是培养博士弟子即太学生的教授。太学,就是国立大学,是古代文化世代传播承继的主要场所,也是汉朝文官的摇篮。第一批博士弟子仅五十人,又有如弟子若干人。后来逐年增加,至成帝时,已达三千人。西汉末,已达万人。此外,各郡、国、县也有官办学校,培养初级文化人才。汉武帝开创太学和郡、国、县学制度,开此后两千年间国家办学的先河。此后,每个王朝都重视办学，并形成为优良的传统。

汉武帝下令搜集民间残存的古书是另一重要的举措。西汉初年，社会上无书可读。有些老儒口头传经，学生用当时通行的隶书记录下来，称为今文经。五经博士都是今文经博士，亦用今文经教授学生。汉武帝下令搜集古遗书，汇集于首都长安。至成帝时，所得古遗书已堆积如山，其中有儒家经典（古文经），也有诸子百家之书。由刘向、刘歆父子等整理，编目录，成《七略》，著录三十八种，五百九十六家，一万三千二百六十九卷。《汉书·艺文志》曰：秦"燔灭文章，以愚黔首。汉兴，改秦之败，大收篇籍，广开献书之路"。至此，其成就十分可观。汉武帝开献书之路,其功不可没。

汉武帝对西汉文学的发展也有特殊的贡献。由于他喜好文学,汉赋在他的倡导之下形成高潮,出了不少著名的辞赋大家。司马相如的《子虚赋》《上林赋》《长门赋》等都是划时代之作。汉武帝设乐府,采民歌,配以谱曲进行演奏,开文学之新风。《乐府诗》来自民间,内容广泛地反映了当时社会生活的各个方面。其中的《十五从军征》《思悲翁》《战城南》《东门行》《有所思》《陌上桑》等,分别反映了人民的悲惨遭遇,对繁重徭役、横征暴敛的不满,对妇女不幸命运及其坚强不屈性格的同情。所用乐器有中原地区的传统乐器,也有来自西域或其他边疆民族的乐器，如箜篌、胡笳、觱篥、琵琶等。汉武帝也是一位才气横溢的诗人，他的《秋风辞》曰："秋风起兮白云飞，草木黄落兮雁南归。兰有秀兮菊有芳，怀佳人兮不能忘。……"真是千古佳作，脍炙人口。

标志汉武帝时文化复兴的事例还有司马迁的《史记》的撰写、《太初历》的编制等，这些都是在汉武帝的倡导和支持下完成的，把我国古代的历史学和天文学的研究及编纂推进到一个新的阶段。

班固曰："孝武初立，卓然罢黜百家，表章六经，遂畴咨海内，举其俊茂，与之立功，兴太学，修郊祀，改正朔，定历数，协音律，作诗乐，建封禅，礼百神，绍周后，号令文章，焕焉可述。后嗣得遵洪业，而有三代之风。"对汉武帝为复兴、发展文化所立下的功绩的评价是很高的，基本上符合实际。班固所说的"罢黜百家，表章六经"与一般所说的"罢黜百家，独尊儒术"是否完全一样呢？应当说有相当的区别，其关键在于"表章"还是"独尊"，这要看一下历史的实际。

西汉前期，最高统治者以黄老无为思想指导政治，社会上又无书可读，对思想管制不严，各家思想自由发展，也比较活跃。尤其是有些诸侯王为发展自己的势力，并扩大其影响，多会集众多的诸子、方技之士，很不利于中央集权国家的统治，不利于国家的统一。这一情况随着社会经济的恢复发展,随着加强中央集权的政治需要而日益严重。至武帝即位时,最高统治者需要的,已不再是黄老无为,也不是"诸子杂说",而是儒家的"大一统"思想和文物制度。所以丞相王绾建议:"所举贤良或治申、商、韩非、苏秦、张仪之言,乱国政,请皆罢。"(《汉书·武帝纪》)董仲舒则批评说:"今师异道,人异论,百家殊方,指意不同,是以上无以持一统,法制数变,下不知所守。"他建议:"诸不在六艺之科、孔子之术者,皆绝其道,勿使并进。"(《汉书·董仲舒传》)这些建议与汉武帝的政治观点基本上是一致的。不过汉武帝是一位有作为的帝王,思想是开廓的,他对各家之说,不是囿于其名,而是"择善而从"。从历史事实来看,汉武帝虽为《五经》置学官,但并不用醇儒掌政治大权。在他身边的亲信重臣中,兼有儒、法、黄老、纵横各家人物,他取其所长,抑其所短,各居所位,皆听命于他。其中固然儒者较多,但并非醇儒,而是兼通其他学派者,即所谓"习于文法吏事,而又缘饰以儒术"(《史记·平津侯列传》)者。这样的官吏在政事上倾向法治,叫作"文法吏"。所以,汉宣帝说:"汉家自有制度,本以霸王道杂之。"(《汉书·元帝纪》)史称汉武帝"外儒内法",不无道理。司马光把汉武帝当作一个醇儒要求,未免过于脱离实际。

汉武帝作为一个封建皇帝，也有不少的缺点和错误。例如他在生活方面，奢侈严重，还迷信巫术。他发兵镇压戾太子，一度造成朝廷政治混乱，即所谓"巫蛊事件"，这是他迷信巫术造成的。西汉中期的主要社会问题是"土地"与"奴婢"问题，由于土地兼并严重，大量的破产农民沦为奴婢，流民多达二百万，各地相继发生了农民起义。可是，汉武帝并未正确地处理此事。他曾长时间用残酷镇压的办法对付起义农民或流民，但起义、暴动仍然不断。只是到后来，他才有所悔悟，并坚决改变政策，注意安定农民生活，招徕流民，缓和了社会的矛盾。汉武帝还重用酷吏，乱杀无辜的情况也很严重。

总的来说，汉武帝在中华民族的历史发展上立下了不朽的功勋，他的错误与他的功勋相比，是较小的。尤其可贵的，是他在统治的后期，能对所出现的政治和社会的主要问题有所认识，并及时转变政策，稳定了局势，促进了社会秩序的安定和经济的发展。这样的政治态度和做法在历代封建帝王中是少有的。

出版说明

"新编历史小丛书"承自20世纪60年代吴晗策划的"中国历史小丛书",其中不少名家名作是已经垂之经典的作品,一些措辞亦有写作伊初的时代特征。为了保持其原有版本风貌,再版过程中不做现代汉语的规范化统一。读者阅读时亦可从中体会到语言变化的规律。

新编历史小丛书编委会

图书在版编目（CIP）数据

汉高祖 汉武帝 / 张传玺著. — 北京：北京人民出版社，2019.5

（新编历史小丛书）

ISBN 978-7-5300-0411-1

Ⅰ. ①汉… Ⅱ. ①张… Ⅲ. ①汉高祖（前 256–前 195）—传记②汉武帝（前 156–前 87）—传记 Ⅳ. ①K827=341

中国版本图书馆 CIP 数据核字（2019）第 066067 号

责任编辑　严　艳　王铁英
责任印制　陈冬梅

新编历史小丛书

汉高祖　汉武帝
HAN GAOZU　HAN WUDI

张传玺 著

出　　版	北京出版集团 北京人民出版社
地　　址	北京北三环中路6号
邮　　编	100120
网　　址	www.bph.com.cn
总 发 行	北京出版集团
印　　刷	北京汇瑞嘉合文化发展有限公司
经　　销	新华书店
开　　本	880 毫米 ×1230 毫米　1/32
印　　张	3
字　　数	22.8 千字
版　　次	2019 年 5 月第 1 版
印　　次	2021 年 6 月第 6 次印刷
书　　号	ISBN 978-7-5300-0411-1
定　　价	18.00 元

如有印装质量问题，由本社负责调换
质量监督电话　010-58572393